Johann Friedrich D. Danneil

Vollständige Protocolle des Köpenicker Kriegsgerichts über Kronprinz Friedrich, Lieutenant von Katte, von Kait u.s.w

aus dem Familien-Archiv derer von der Schulenburg

Johann Friedrich D. Danneil

Vollständige Protocolle des Köpenicker Kriegsgerichts über Kronprinz Friedrich, Lieutenant von Katte, von Kait u.s.w
aus dem Familien-Archiv derer von der Schulenburg

ISBN/EAN: 9783742897800

Hergestellt in Europa, USA, Kanada, Australien, Japan

Cover: Foto ©ninafisch / pixelio.de

Manufactured and distributed by brebook publishing software (www.brebook.com)

Johann Friedrich D. Danneil

Vollständige Protocolle des Köpenicker Kriegsgerichts über Kronprinz Friedrich, Lieutenant von Katte, von Kait u.s.w

Vorwort.

Es ist nicht zu verkennen, daß über das Leben und Wirken unsers großen Friedrich in den neuesten Zeiten neue Aufschlüsse der mannigfaltigsten Art, wichtige und unwichtige, gegeben und kritische Untersuchungen darüber angestellt sind, wodurch unsere Kenntniß des ausgezeichneten Fürsten nicht unbedeutend gewonnen hat. Jeder Beitrag, der dazu geeignet ist, einzelne Momente aus dem Leben des großen Königs in ein klareres Licht zu setzen, wird daher den Freunden der Geschichte willkommen sein. Dahin gehört unter andern, daß bis jetzt von dem durch König Friedrich Wilhelm I. unter dem 22. October 1730 niedergesetzten Kriegsgericht über den gescheiterten Plan des Kronprinzen nach Frankreich zu entweichen und über die Mitschuldigen des Kronprinzen noch keine vollständige Nachricht bekannt geworden ist. In dem trefflichen Schulenburgischen Archiv auf Propstei Salzwedel finden sich die vollständigen

Nachrichten über das Erkenntniß dieses in vieler Hinsicht merkwürdigen Kriegsgerichts vom 28.¹) October 1730. Zum Vorsitzenden dieses Gerichts hatte der König den General-Lieutenant Achaz V. v. d. Schulenburg auf Apenburg und Betzendorf,²) einen der besonders Begünstigten des Königs, ernannt. Zu Richtern waren bestellt die drei General-Majore C. de Schwerin, A. Gr. Dönhoff und Ch. v. Linger; die drei Obersten C. R. v. Derschau, A. C. L. v. Stedingk und v. Wacholtz; die drei Oberst-Lieutnante Adam v. Weyher, Cristian Friederich v. Schenck und Friedrich Amadeus v. Milagsheim; die drei Majore Gottfried Emanuel v. Einsiedel, Johann George v. Lestwitz und David Christoph v. Lüderitz; endlich die drei Hauptleute Augustus Friedrich v. Itzenplitz, Albrecht v. Pudewels und Adolph v. Jeetze.³) Am Tage vor dem Kriegsgericht, am 27. October 1730 versammelten sich zu Köpenick diese vier Gruppen, jede besonders, und gaben nach geschehener Berathung jede schriftlich ihr Votum ab. Diese vier schriftlichen

---

¹) Preuß in seinem Leben Friedrichs des Großen nennt irrthümlich den 25. Oktober.

²) Ueber ihn habe ich vollständig in meiner Geschichte des Geschlechts der v. d. Schulenburg Bd. 2. S. 191 f. gehandelt.

³) Die Namen sind genau so gegeben, wie sie in den Protocollen und Unterschriften stehen.

Vota wurden dem vorsitzenden General-Lieutenant v. d. Schulenburg übergeben, der darauf für sich ebenfalls schriftlich ein Votum entwarf. Am folgenden Tage, den 28. October, traten darauf sämmtliche 15 Personen mit ihrem Vorsitzenden zusammen und fällten das Urtheil, worüber drei verschiedene Protocolle aufgenommen wurden, die außer den genannten 16 Personen noch von Mylius, General-Auditeur-Lieutenant und G. J. Gerbett unterschrieben wurden. Alle diese acht Protocolle finden sich im Archiv der Propstei Salzwedel noch in Abschrift vor. Die Originalien wurden dem Könige überreicht. Dessen darauf erfolgte mißbilligende Aeußerungen befinden sich in den Acten in der Urschrift; die darauf folgende protocollarische Aeußerung des Vorsitzenden, sowie die Königl. Cabinetsorder vom 1. November 1730 sind ebenfalls abschriftlich vorhanden. Die Abschriften, die sich unter den vielen Papieren des General-Lieutenants v. d. Schulenburg vorfanden, sind sehr sorgfältig, sicherlich auf seine Veranlassung selbst, geschrieben mit genauer Beobachtung der hier und da abweichenden Orthographie. Die von diesen Verhandlungen allein bekannt gewordene Cabinetsorder vom 1. November stimmt mit dem Abdruck derselben in Preuß, Bd. I. S. 43 f., bis auf wenige unwesentliche Punkte überein.

Ich schmeichele mir mit der Hoffnung, daß den zahlreichen Verehrern des großen Friedrich die vollständige Bekanntmachung dieser Verhandlungen nicht ganz unwillkommen sein dürfte.

Salzwedel den 31. December 1860.

Danneil.

Votum derer Capitains.

Aus denen Acten befinden wir

1. Daß wenn wir auch im Stande wären, über den Cron-Printz als einen Officier zu sprechen, deßelben vorgehabte Flucht nicht als eine würckliche Absentirung anzusehen, wie sie denn nicht zum Werck gekommen, und der Cron-Printz nach seiner Meinung nicht gewust wie er es anfangen solle, des Königs Gnade wieder zu erwerben und nachdem Er allbereits von Sr. Königl. Magst. Seiner Charge entsetzt und mit scharffen Arrest in Cüstrin beleget ist, welchen Er noch biß hierher ausstehet, finden wir nicht, was Jhm noch mehr auferleget werden solle. Was die puncte belanget, welche Se. K. M. Selbst allergnädigst aufgesetzet und befohlen haben zu fragen, so laßen darinn S. K. M. selbst setzen, daß der Cron-Printz aller väterlichen Vermahnung und Vorstellung ungeachtet zu wieder gehandelt haben. Da es nun Sachen seynd, so zwischen Vater und Sohn passiret, weil aber der Cron-Printz gegen S. K. M. Sich so sehr demüthig bezeiget, S. K. M. Willen sich in allen Stücken unterwirfft, und nichts als Gnade bittet, alles was der König fodert und befiehlet zu thun, und Sich zu beßern zusaget, so stehet uns nicht zu, nach Beschaffenheit dieser Sache und als Vasallen und Unterthanen über unsers Königs Sohn und Familie zu sprechen, noch können wir dafür halten, daß dieses von einem Kriegs-Recht abzumachen.

2. Ob zwar den arretirten Katten der Cron-Printz die erste proposition wegen der Flucht gethan und nachhero so

offt und vielfältig mit ihm davon gesprochen, so ist doch klahr und gewiß, daß der Cron-Printz in diesen Vorhaben nicht so weit gekommen seyn würde, wenn Ihm Katte nicht in Seinem Dessein gestärket, zu die Flucht verschiedene Anschläge gegeben, die Post-Route verschafft, von des Graff Rothenburgs Güther Nachricht gegeben, sich selber erbothen als ein Postillon zu verkleiden, um beßer mit dem Cron-Printz fortzukommen, auch Ihm zur Reyse ein grau Kleydt mit Silber machen laßen, und selbsten bekandt, wenn der Cron-Printz weg und außer Landes seyn würde, er Demselben hätte folgen wollen, und da seine Schuldigkeit gewesen, die Sache zu entdecken, er auch deshalb von den Obrist-Lieut. von Rochau verwarnet worden und des Cron-Printzen Geld und Sachen zum klahren Beweiß des Angebens in Händen gehabt, hat er vielmehr den Obrist-Lieut. unverantwortlicher Weise sicher gemacht, wobey ihm auch von des entlauffenen Kaits und des arretirten Spaens Concurrenz bey dieser Sache nichts verborgen gewesen, und seine Entschuldigung, daß er den Cron-Printzen abgemahnet, darum hinweg gefallen, weil Inquisit Katte noch zuletzt in den Vorsatz gewesen fortzugehen; Als haben wir in Betrachtung, daß es nur bei den bösen Vorsatz und Abrede geblieben, aber mit der auf die Thath und Vollziehung gesetzter Straffe nicht belegt werden können und wohl nicht zu vermuthen, daß die Anschläge, so wie sie zwischen den Cron-Printzen und Katte abgeredet worden, hätten ins Werk gerichtet werden können, also den Katten zur wohlverdienten Straffe unsers theuren Eydes Pflichten nach auf Zeit Lebens zum Festungs Arrest condemniren.

3. Betreffend den von Spaen, welcher bereits im November 1729 dem Cron-Printzen einen Wagen in Leipzig machen laßen und währender Zeit, daß S. K. M. auf der Reyse nach Anspach gewesen, des Cron-Printzen letzteren Brieff bey Katten gelesen, aus welchen er sehr wohl des Cron-Printzen Vorhaben, als daß Katte mit interessiret

gewesen, wohl ersehen, und wann er selbst gleich nicht daran Theil genommen haben will, dennoch dasjenige verschwiegen, was anzugeben seine Schuldigkeit gewesen, demselben erkennen wir Cassation und zweyjährigen Vestungs Arrest zu.

4. Den Lieutenant von Ingersleben, darum daß er dergleichen Commissiones, wovon er wohl urtheilen können, daß sie S. K. M. mißfällig seyn müsten, an des Rectors Tochter übernommen und bestellt hat, annoch 2 Monath Vestungs Arrest über den bereits erlittenen.

5. Wieder den würklich desertirten Kait ist mit der Cittirung nach Kriegs-manier und auf sein Außenbleiben mit gehöriger Execution zu verfahren.

Köpnick den 27. Octobr. 1730.

gez: Augustus Friedrich v. Itzenplitz —
Albrecht v. Pudewels — Adam v. Jeetze.

Vota der Majors

Aus denen uns vorgelesenen Acten des arretirten Katten erhellet.

1. Sein eigen zum öfftern wiederholtes Geständniß, daß er desertiren wollen,

2. Selbst Raht und Anschläge zur Flucht des Cron-Printzen Kön. Hoheit gegeben, auch denselben, wo des Graffs Rothenburgs Güther im Elsas gelegen, vorgeschlagen

3. Geld zur Echapade bei Moutolieu negociret

4. Die Schachtel mit Louisdors zur Desertion des Kaiten an ihn übermacht

5. Dem Könige als seinem Landes und Kriegs Herrn alles verschwiegen, und hingegen

6. Mit frembden Ministris, als Graff Hoym und Löweneur davon geredet, an Hottam verschlossene Billets überbracht, von der Abschickung des Giddikens, wie auch von den Brieffen an den König in Engelland gewust,

7. Alle des Cron-Printzen praetiosa und secrete Brieffe bey sich gehabt,

8. Die Sache dem Obrist-Lieut. von Rochow und andern geleugnet, und sie vielmehr sicher gemacht und ihnen das contrarium versichert,

9. In seiner Defension das üble tractament, so der Cron-Printz von S. K. M. empfangen, vorschützet, sey Katte als Officier und Vasall gar nicht befugt, darinn zu entriren, noch weniger sich zwischen Vater und Sohn, seinem König und seinem Nachfolger zu meliren, sondern hätte es bei Zeiten angeben sollen,

10. Die Bibliotheque nach Homburg zu senden

11. Er sich auch nach erhaltenem Brieffe von Erlangen, so aber aus Anspach datirt gewesen, zur Reiße unter dem Vorwand, auf Anwerbung zu gehen, fertig gemacht.

Alß erkennen Wir vor Recht, daß obgleich die Desertion nicht zum Stande gekommen, jedennoch aus obigen angeführten puncten genugsam erhellet, daß Katte verdienet, durch das Schwerdt von Leben zum Tode gebracht zu werden.

Wir stellen aber S. K. M. allerunterthänigst anheim, ob Sie auf die Vorstellung S. K. H. des Cron-Printzen, daß Er Lebenslang, kein geruhiges Gewissen behalten würde, wenn Katte am Leben gestrafft sollte werden, allergnädigst reflectiren wollen.

Aus denen uns vorgelesenen Acten, des arretirten Lieutenants Alexander Schweder von Spaen Hochl. Königl. Regiments, ist zu ersehen, daß Er

1. unrecht gethan, alß er die Commission, den Wagen in Leipzig zu bestellen von des Cron-Printzen K. H. über sich genommen und nachgesandt, als er die zwey Coffres nach

Leipzig schicke sollen, er selbst sich gegen Katten sich heraus
gelaßen, es würde ihm gantz angst dabey, er hoffe ja nicht,
daß der Cron-Printz was vorhaben werde, daß er solche
praesumtion nicht gleich Kund gemacht,

2. daß er ohne Uhrlaub nach Berlin gereiset, und
3. daselbst bei Katten einen Brieff vom Cron-Printzen
zu lesen bekommen, worinnen enthalten, daß der Cron-Printz
von Anspach weggehen wolte, Katte auch so viel Geld, alß
ihm möglich wäre, zusammenbringen solte, und dem Cron-
Printzen folgen, item im P. S. daß Katte nicht eher weggehen solte, biß er noch einen Brieff erhielte.

Da er nun solches nicht so gleich nach seiner Pflicht
entdeckt, Als erkennen wir vor Recht, daß Er vom Regiment zu cassiren und mit 6jährigen Bestungs-Arrest zu
bestraffen sey.

Aus denen uns vorgelesenen Acten des bey den Hochl.
Königl. Regiment stehenden und arretirten Lieutenant Johann Ludwig von Ingersleben erhellet

daß er sich hatte menagiren sollen mit des Cron-
Printzen K. H. zur Abendzeit an dem Orth prome-
niren zu gehen, noch weniger sich gebrauchen laßen,
dem Mädchen die presente zu überbringen,

So erkennen wir vor Recht, daß er mit halbjährigen Bestungs
arrest zu belegen, weil er aber bereits so lange gesessen, so
stellen Wir S. K. M. allerunterthänigst anheim, ob Sie auch
den bißherigen arrest allergnädigst consideriren und die
Straffe mildern wollen.

Dem desertirten Kait betreffende, so ist er von der
vorgehabten Flucht des Cron-Printzen K. H. genau unter-
richtet gewesen, solches aber S. K. M. nicht schuldigst entdecket, auch den gethanen Eydt gegen S. K. M. gebrochen,
seine Fahne schändlich verlaßen und desertiret.

So erkennen wir vor Recht, daß er zu dreymahlen durch
den Drommelschlag zu citiren sey und bey seiner Gestellung

der process formiret werde. Im Fall aber seine Einstellung nicht erfolgte, erkennen Wir vor Recht, daß der Degen vom Büttel zerbrochen und deßen Bildniß an den Galgen gehenkt werde.

Geschehen Köpenick den 27. October Ao 1730.

gez: Gottfried Emanuel v. Einsiedel. — Johann George v. Lestwitz. — David Christoph v. Lüderitz.

Aus denen uns vorgelesenen Acten S. K. H. des Cron-Printzen erhellet, daß

1. Ob zwar des Cron-Printzen K. H. die erste proposition gethan und nachgehends öffters von der Flucht mit Katten gesprochen, so ist doch klahr und gewiß, daß, wenn Ihm Katte nicht in seinem Dessein immer unterhalten, dem Cron-Printzen zu seiner Flucht Anschläge gegeben, auch Ihm von dem Wege und des Graff Rotenburgs Güter Nachricht ertheilet, Geld verschaffet und mit fremden Ministres aus der Sache gesprochen, auch Ihm zur Reise ein Kleydt machen laßen, einen Vorschlag, wie Postillon sich zu verkleyden, um beßer fortzukommen, gethan; Wann Katte auch zu rechter Zeit die Sache entdecket hätte, würde sie niemahls so weit gekommen seyn, denn anfängl. die Sache nur discursive und nicht als eine serieuse Meinung proponirt worden.

2. So ist diese vorgehabte Flucht auch nicht als eine würkliche echapade anzusehen, weil sie nicht zum effect gekommen, und wird die Empfindligkeit des von S. K. M. ordonirten ausstehenden arrests S. K. H. den Cron-Printzen eine ungezweiffelte Erweckung Seines künftigen gehorsamen respects gegen S. K. M. als Vater und Kriegs-Herren verursachen;

3. Anlangend S. K. H. des Cron-Printzen Verbrechen, so S. K. M. Ihm zu befragen allergnädigst Selbsten aufzusetzen beliebet, so declariren Sich S. K. M. in Dero Fragen, nemlich ob der Cron-Printz nicht wüßte, daß Er sein Vater

wäre, und ob Er nicht als Vater Ihm allezeit gute kindliche Lehren und Vermahnungen gegeben, Woraus es erhellet, daß es Sachen seyn, so zwischen Vater und Sohn passiret, zu mahlen der Cron-Printz Sein kindliches Verbrechen sehr demüthig in der in Acten befindlichen Submissions-Schrifft fol. Act. 276. bekennet, Sich S. K. M. als Vater in allen Stücken submittiret, um Gnade bittet, und Beßerung aufs heylichste verspricht, auch alles was der König von Ihm praetendiret zu thun entschloßen, folglich kein kriegerichtlicher Spruch darinnen kann abgefaßet werden, sondern es würde S. K. M. Dero Väterlicher Macht und Königl. Autoritaet, Dero Sohn väterlich und als König zu straffen, durch einen rechtlichen Spruch Eingriff geschehen, Ueber dieses alles kein Officier, Vasall noch Unterthan über seines Königs Sohn ein Urtheil zu sprechen befugt noch berechtlich ist, oder auch gültig seyn kann.

Geschehen Cöpenick den 27. Octbr. 1730.

(Unterschriften wie vorher.)

Votum derer Obrist-Lieutenants.

Der cassirte Lieutenant Johann Hermann von Katte ist der vornehmste Vertraute gewesen, mit welchem Ihro K. H. der Cron-Printz wegen Seiner Flucht sich berahtschlaget; Da nun dieser Mensch alles hätte thun sollen, den Cron-Printzen als einen jungen Herren von solche übereilte Gedanken abzubringen, so hat er solches nicht allein unterlaßen, sondern vielmehr den Cron-Printzen darinnen verstärket und alle Anschläge dazu gegeben, wie seine eigene Außage aus denen Acten bekräfftiget, er hat zuerst auf der Sächs. Reyse in Gastoff des Cron-Printzen vorhabende Flucht angehöret und in solche gewilliget, — die Post route von Leipzig bis Franckfurth verschaffet, — Im Lager den Graffen von Hoym alß einem Sächs. Ministre des Cron-Printzen Mißvergnügen auch entdecket, weile aber das Vorhaben in selbigen Lager nicht hat ausgeführet werden können, so ist Katte sonder Urlaub erstl. in Potsdam zum Cron-Printzen gekommen, insgeheim sich mit Ihm allda unterredet nachdem Anschläge gegeben, wie die vorgenommene Flucht am besten auf der Reyse nach Anspach könte ausgeführet, und daß solche nach Franckreich über Strasburg könte genommen werden, und auf des Graffen von Rotenburg Gütern, die Katte genennet, und der Cron-Printz davon nichts gewust, verbleiben, und von da weiter zu gehen. Es hat ferner Katte mit fremden Ministern, sonderlich mit den Englischen Secretaire Gotckhens wegen des Cron-Printzens Flucht nach Engelland vielfältig geredet, vor Denselben Gelder negociret wieder das neulichst ergangene Edict, wie er dann auch die vom Cron-Printzen zu solchem Behuff empfangene Gelder und Jouvelen in der Tasche zu unterschiedenen mahlen zu sich genommen und vom Schloß getragen, sich zur Flucht mit zu bereitet, so daß nichtes daran gemangelt, wann das dem Königl. Hause so nachtheilige project nicht durch gewiße Entdeckung wäre verhindert worden, welches doch Katte als ein Vasalle und Officier nach seinen Eydt Ihro Kön. Maj. hätte entdecken sollen; Weil er aber solches nicht gethan, sondern es boßhafftig verschwiegen, und dadurch, wann die Thath erfolget wäre, Ihro K. M. in die größeste Unruhe gesetzet, und andere böse Sviten daraus hätten entstehen können, Alß sprechen wir den Arrestanten von Katten hierdurch das Leben ab, welches er durch das Schwerdt verlieren soll andern zum Exempel: Es sey denn, daß Ihro K. M. in Ansehung, weil Katte sein böses Vornehmen noch nicht völlig ausgeführet, auch der Cron-Printz Selbsten zugestehet, bey Erfolgung dessen Todes-Straffe lebenslang kein geruhiges

Gewißen zu haben, diese Ihm zu erkannte Todes-Straffe allergnädigst mindern wollten.

Es ist Kait vorsetzlicher Weise mit Vergeßung seines so theuer geleisteten Eydes zusamt einer nahmhafften Summe Geldes vom Regiment aus Weesel desertiret; So ist er nach Kriegs Gebrauch erstlich mit Trommelschlag dreymal zu citiren, sich beym Regiment wieder einzufinden, und seiner Desertion wegen zu justificiren, in deßen Ausbleiben aber, wird ihm zuerkandt in Effigie am Galgen aufgehangen zu werden.

Dem Lieutenant Johann Ludwig von Ingersleben wird von uns zuerkandt, weile er auf die empfangene Ordre vom Cron-Printz Katten in Potsdam laßen einkommen ohne dem Cheff des Regiments es gehöriger Maaßen melden zu laßen, sondern dem Wacht habenden Officier von Schaffstaedt es verbothen, auch diesen Katten heimlich in deßen quartier logiret, zu der Bekantschafft mit des Rectors Tochter geholffen, auch derselben einige presente gebracht, daß er Sechs Monath lang in Spandow arrest halten soll.

Weilen der Lieutenant Alexander Schweder von Spaen ohne Uhrlaub nacher Berlin geritten, auch von des Cron-Printzen vorgesetzte Flucht mitgewust, indem er den Brieff, welchen Sie von Anspach aus an Katten geschrieben, gelesen, davon der Inhalt gewesen, daß der Cron-Printz von Anspach wolte weggehen, und Katte solte machen Ihm zu folgen, auch so viel Geld anzuschaffen, alß er könte, doch Seinen letzteren Brieff noch erwarten, auch solches Vorhaben weder S. K. M. oder in Dero hohen Abwesenheit dem commandirenden Officier gemeldet, und also hierinn wieder seinen gethanen Eydt gehandelt, dahero zu vermuthen, daß derselbe von der partie gewesen mit zu folgen, daß er deswegen cassirt seyn, und darneben mit Vestungs Arrest biß auf Königl. Begnadigung beleget werden soll.

Cöpenick, den 27. Octbr. 1730.

(Unterschriften.)

Anliegend S. K. H. den Cron-Printz, so erhellet aus den Acten klahr, daß Er zustehet, darunter unrecht gethan zu haben, seine Flucht nacher Franckreich über Strasburg, oder auch an andern Orten zu nehmen, wozu Er bereits alle Anstalten gemachet, daß Er zu diesen Vorhaben anfänglich dem gewesenen und desertirten Lieutenant Kaiten, nachgehends dem gewesenen Lieutenant Katten Seine Gedancken darüber eröfnet und dazu mit employiren wollen, Ihnen Gelder auch allerley Brieffe zugeschicket, einen Wagen und Kleyder darzu verfertigen, auch Pferde auf die Anspachische Reyse bestellen laßen, wodurch große Unruhe entstehen können, wenn solches zum Effect gekommen und nicht durch den Obrist-Lieutenant von Rochau und Cammer-Diener Gummersbach wäre verhindert worden. Ob S. K. H. nun zwarten ein und anderes zu Ihrer Entschuldigung beybringen wollen, was Ihnen hiezu bewogen, so will es doch nicht hinlängl. seyn, gestehen auch Selber gar gerne zu, daß Sie Sich hierumme gegen J. K. M. als Dero Herrn Vater und Landes Herren sehr vergangen haben; Weile es aber annoch diverse Entschließungen gewesen, und noch zu keiner That und würcklichen Flucht gekommen, auch daß Sie als ein junger Printz von sehr bösen Menschen mehr und mehr angereitzet, und in Ihren Vorhaben gestärcket worden, daß wenn diese nur abgerathen, alles würde cessirt haben; Ihro Hoheit der Cron-Printz auch Ihr Verbrechen in Dero Arrest hertzlich bereuen, Ihro Maj. wehmuthigst um Gnade bitten, und Sich solcher auf der allersubmissesten Arth unterwerffen, wie solche Se. demüthigste bey denen Acten befindliche Declaration mit mehrern besaget, Als können wir nach unsern allerunterthänigsten Eydt und Pflicht, auch nach unserer besten Einsicht und Gewißen, zu mahlen da wir bey diesen Umstandt kein gewisses Gesetze in dem Königl. Reglement, Krieges Articuln, Edicten, Rechten und Gewohnheiten finden, nicht anders sprechen, alß daß in Ansehung obiger angeführten Uhrsachen Ihro K. M.

höchsten und väterlichen Gnade wir den Cron-Printzen lediglich überlaßen.

Cöpenick, den 27. Octobr. 1730.

gez: Adam v. Weyher — Christian Friederich
v. Schenck — Friedrich Amadeus v. Milagsheim

Votum derer Obristen in Sachen des gewesenen Lieutenant von dem Corps des Gensd'armes Hans Hermann v. Katte.

10. Hat Inquisit gewust, daß Jhro Hoheit der Cron-Printz aus dem Lande gehen wollen, In diese gefährliche retirade
17. toppiret und daß der entwichene Lieutenant sollen act. 18. et 122.; Raht und Anschläge zu des Cron-Printzen Vorhaben gegeben act. 19. 140. 269.; dem Cron-Printzen die Post-Charte von Leipzig nach Franckfurth am Mayn in dem Sächsischen Lager gegeben act. 54. Weiter dem Cron-Printzen gesaget, wo des Graffen von Rotenburg Güther im Elsaß liegen act. 44.; Selbst Inquisit auch zugestehet act. 74., daß wenn der Cron-Printz deßwegen fortgehen wolte, weil Jhro Mag. der König Jhm ungnädig wären, wolle er, von Katt mitgehen; und zwar wenn der Cron-Printz aus Sachsen würde zurückgekommen seyn, und auf der Reyse nach Anspach mitgehen act. 86.; Zu diesem Ende des Cron-Printzen Geld und Jouvelen mit sich nach Hause genommen, umb aufzuheben, und hernach mitzunehmen act. 95. 96.; Ein Kleydt vor den Cron-Printzen machen laßen, deßen Er Sich auf der Reyse bedienen sollen act. 104.; Mit fremden Ministres alß den Dahnischen von Lowenöhr, dem Englischen Envoyé von Hottam

und deßen Secretaire Guydeken verschiedentlich über diese Sache und derselben Zusammenhang gesprochen act. 62. 235. 259.; Und insbesondere nach seiner eigenen Geständniß, da Inquisit dem Cron-Printz Hoffnung gemacht, er würde Urlaub auf Werbung zu gehen bekommen, den Cron-Printz in Seinen Vorhaben gestärcket zu haben glaubet act. 91.; Endlich gar diejenigen, so inquisiten gewarnet, eines andern zu belehren gewust und mit diesen Worten abgespeiset: Sie solten das nicht glauben act. 76. Also beständig bei dem Vorsatz geblieben und gesagt: Wenn der Cron-Printz einmal weg ist, will ich mich suchen loß zu machen und nachgehen fol. act. 196. Diesemnach wie Inquisitens Knecht aus Erlangen wieder zurückkommen sich reisefertig gemacht fol. act. 189.

Diese und verschiedene andere Umstände legen genugsam an den Tag, daß Inquisit diese gefährliche Retirade des Cron-Printzen lange cachiret, deßhalben auch wieder Eydt und Pflicht gehandelt, Kraft deßen er allen Schaden und Nachtheil von S. K. M. und dem gantzen Königl. Hauße abzuwenden verbunden und kann Inquisiten nichts helffen, daß er allemahl auch nach des Cron-Printzen Außage und Geständniß jedesmahl Ihro Hoheit davon abgerathen und die Entreprise von einer Zeit zur andern trainiret zu haben vorgiebet.

Diesemnach ist der Inquisit von Katte mit einer Lebens-Straffe zu belegen; Es wäre denn Sr. K. M. in Allergnädigster und höchst barmherziger Erwegung
1. Daß erstlich diese nicht wol überlegte Entreprise zu keinen würcklichen Effect gekommen.
2. Viele Jugend projecte herunter gelauffen.
3. Eine ungemeine hertzliche Reue bei dem Inquisiten sich zeiget.

Die Lebens-Straffe in einen ewigen Vestungs Arrest zu moderiren allergnädigst geruhen wolten.

Den Lieutenant Johann Ludwig von Ingersleben betreffend, So ist wieder denselben aus denen Acten, was die vorgehabte Retirade des Cron-Printzen anlanget, nichts erwiesen worden; Sondern es hat nur derselbe auf ordre Jhro Hoheit des Cron-Printzen einen Brieff an den Lieutenant von Katt nach Berlin schreiben müßen, daß er nach Potsdam kommen solle, sonder zu wißen, zu was vor einen Endzweck. Weile aber der von Ingersleben an des Rectoris Tochter in Potsdam einige praesenten von dem Cron-Printzen gebracht, zu dieser Unterhandlung aber sich nicht gebrauchen laßen mögen, Alß ist derselbe über dem bereits gehabten Arrest, mit einer halbjährigen Festungs-prison zu bestraffen.

Wieder den Lieutenant Alexander Schweder von Span, erhellet aus denen Acten dieses, daß selbiger bereits vor einem Jahre einen Reyse Wagen auf ordre S. K. H. des Cron-Printzen in Leipzig machen, bezahlen und nach Potsdam kommen laßen, sonder gewust zu haben, wozu derselbe zu der Zeit gebraucht werden sollen, Fället dann dieser Argwohn hinweg, daß Inquisitus von des Cron-Printzen retraite dermahlen etwas gewust habe. Da der von Span aber einmahl und zwar ohne Uhrlaub seines Commandeurs in Berlin gewesen, und der Lieutenant von Katt ihm einen Brieff, den er aus Anspach von dem Cron-Printzen erhalten vorgelesen, des Inhalts: Katte solle weggehen, solle machen, daß er Geld bekäme und nachkommen; der Cron-Printz wolte aus Anspach weggehen: Diesen Inhalt aber Seinem Commandeur nicht also fort angemeldet, so ist der Lieutenant von Span zu cassiren und mit dreyjähriges Vestungs-prison zu belegen.

Der desertirte Lieutenant von Kait soll edictaliter und mit öffentlichen Drommelschlag citiret, und wenn er nicht binnen ordentlicher Zeit sich gestellet nach Kriegs manier mit ihm verfahren werden. V. R. W.

Köpenick den 27. Octbr. 1730.

gez: C. R. v. Derschau. — A. C. L. v. Stedingk. — v. Wacholtz.

Nachdem S. K. M. in Preußen unser allergnädigster König und Herr, die von des Cron-Printzen K. H. intendirte aber nicht zum Stande gebrachte Absentirung durch ein angeordnetes Kriegs-Gericht zu untersuchen und hierüber unser schrifftliches Votum einzuschicken allergnädigst befohlen. So haben wir endes unterschriebene drey Obristen nach fleißiger und gewißenhafter Verlesung derer Acten nach unsern E. K. M. und Dero gantzen K. Hause so theuer geleisteten Eyde, nach unsern besten Wißen und Gewißen, als treue und devote Vasallen, so wie wir es nicht allein hier vor der gantzen Weldt, sondern auch dermahleins vor dem strengen Gerichte Gottes zu unserer Beruhigung zu verantworten gedenken Diese so delicate Sache wohl erwogen:

Müssen aber Ihro K. M. mit allerunterthänigster und demüthigster Erlaubniß allergehorsamst vorstellen; daß wir uns viel zu schwach finden, was des Cron-Printzen K. H. Selbst eigene Person und die von Deroselben intendirte aber nicht exequirte Flucht betrifft, zu beurtheilen, und darüber ein Decisum einzuschicken: Angesehen diese vorgenommene retirade, eine Staats und familien Sache ist, zwischen einem großen Könige und deßen Sohne, welches erstern väterliche Zucht und Potestat über seinen Sohn, Kein Kriegs Recht ober ander weltlicher Richter je mahlen sich erkühnen dürffen, zu beurtheilen. Dieses aber müssen wir mit unterthänigsten respect sagen, daß S. K. H. der Cron-Printz nunmehro Seine intendirte retirade mit der allerdemüthigsten und vollkommensten Submission auch Gehorsam gegen J. K. M. Geheiligte Person nach der act. fol. 276. 277. 278. gegebenen Declaration und Abbitte sehr bereue, auch Krafft derselben, zu E. K. M. als Seines nicht allein großen und gerechten Königes, sondern auch zugleich Gnädigsten und höchst mildesten Vatern Füßen sich unterwirfft, Dero hohen Willen in allen ergiebet und von Deroselben allein Gnade und Vergebung Seines übereylten Verbrechens erwarte,

Was aber die andern, zu dieser vorzunehmenden Retirade gebrauchte Mittels-Persohnen, und zwar den gewesenen Lieutenant von Katt von dem Corps des Gensd'armes betrifft, so ist unser votum hiebey a parte unterthänigst beygefügt. Köpenick, d.

Vota derer General Majors.

Nachdem S. K. M. uns zu dem in Cöpenick versamleten Kriegs Gericht Allergnädigst commandiret, auch in Sachen Dero Cron-Printzen wegen deßen vorgenommene aber nicht vollenzogenen Flucht zugleich mit zu sprechen, alß haben wir nach fleißiger und genauer Durchlesung derer Acten, alles aufs reifflichste nach unserm so theuer geleisteten Eyde zuforderst wohl examiniret und erwogen, so finden wir nicht allein von uns selber, sondern des Cron-Printzen Hoheits ad acta fol. 276. gegebenen demüthigen Erkentniß und Submission gegen S. K. M., wie Er Dieselbige beleidiget, sondern daß Er, auch S. M. als Herren Vater, demüthigst um

Gnade, Vergebung und selbst gefälligen Beahndung bittet. Wann wir uns aber, als S. K. M. Officiers und treugehorsamste Vasallen vermöge unser verangebohrenen Pflicht als auch so theuer geleysteten Eyde, womit wir zuforderst S. K. M. dann auch Dero gantzen Königl. Hause verpflichtet und verbunden seyn, und bis in den Tode verbleiben müssen, bey dieser so gestalten Sache, uns nicht vermögend finden, darüber eine Sentenz abzufassen, Maaßen unsers wenigen Begriffs und gewissenhaften Einsehens keinem Officier oder Vasallen jemahlen ohne Verletzung seiner Pflichts Schuldigkeit, erlaubet seyn und werden kann, dergleichen Begebniß in seines Königs Hauße und Familie, wie diese, dergestalt einzusehen, daß er eine legale Sententz darüber abfaßen könne oder möge. Cöpenick den 27. Octobr. 1730.

gez: C. de Schwerin — A. G. v. Dönhoff — Ch. v. Linger.

Aus des cassirten Lieutenants v. Katten litis Contestation alß auch denen Articulis lieget klaar am Tage, daß Er so wol im Sächs. Lager, als auch in Berlin, auch Potsdam den Cron-Printzen zu Seiner intendirten Flucht allerhand difficultaeten zwar im Wege geleget, auch aus des Cron-Printzen deposition solches erhellet, dennoch aber constiret auch aus Katten erstere Deposition und specialiter ad Acta und Articulos da er befragt worden, erstl. art. 10. pag. 65 daß er des Cron-Printzen intendirte Flucht gewust, nach dem dieselbe ihm solche serieux entdeckt, 2^{tens} die Ursache der Flucht als gültig approbiret, 3^{tens} art. 18. gestehet er, daß er gewust, daß Kait mitgehen wollen, welches kurtz vor der Anspachischen Reyse gewesen, 4^{tens} art. 19. hat er selber die Mittel zu solcher Flucht an Hand geleget; 5^{tens} gestehet er ad art. 32. u. 33. pag. 64, daß er intentionis gewesen sich loß zu machen und Sr. Hoheit zu folgen; 6^{tens} Art. 44. fol. 66. entdecket Ihm zur facilitirung solcher Flucht die Situation der Rotenburgischen Güter im Elsaß, 7^{tens} Schaft dazu die Post route von Leipzig biß Franckfurth am Main; fol. 40. art. 74. engagiret sich Katte aufs neue, nicht nur in diesem Dessein, sondern auch den Cron-Printz zu folgen; fol. 70. art. 86. continuiret er dieses Dessein in Berlin zu projectiren; 8^{tens} fol. 74. art. 9., Stärket den Cron-Printzen in seinen Vorhaben dadurch, daß er ihn flattiret, er werde auf Werbung gehen, und wolle auf der Anspachischen Reyse zusammenkommen, auch art. 95. Ihro Hoheiten Geld, Jouvelen, Brieffe und übrige Sachen in Berlin zu diesen Dessein zu sich genommen; 9^{tens} gestehet er art. 96. daß er sie mitnehmen wollen fol. 76. art. 104., daß er auch zu des Cron-Printzen Behuff ein grau Kleyd mit Silber chameriret machen laßen. 10^{tens} fol. 83. art. 135. hat er dieses Concert in Potsdam weiter verfolget, biß endlich 11^{tens} art. 44. Jm Canstadt zum rendevous fixiret, auch 12^{tens} fol. 90. gestehet, daß wenn er zur Werbung nicht commandiret würde er dennoch fortgehen wollen.

Aus diesen allen erhellet klaar, daß obwohl er interims weyse den Cron-Printzen offtermahlen Vorwürffe und Difficultaeten in Seinem Vorhaben im Wege geleget, Er Ihn dennoch aber auch continue in Seiner atendirten Flucht unterhalten, wie dann ferner 13^{tens} fol. 93. art. 221. constiret, daß er deutlich gewust, daß der Kait mitgehen wollen, auch solches aus des Cron-Printzen Schreiben, 14^{tens} fol. 94. art. 231. gestehet, auch nur darum seine würckliche Desertion noch ausgesetzt zu haben, weile der Cron-Printz ihm in seinem Anspachischen Schreiben befohlen, daß er warten solle, biß er höre daß der Cron-Printz fort sey, gestehet auch fol. 95. art. 235., daß da der Cron-Printz mit den Englischen

Legations Secretair Gedickens in seiner Gegenwart conferiret, ermeldeter Gedickens dieses Dessein gäntzlich desapprobiret und wiederrathen, weiter fol. 99. art. 256. ꝛc. daß der General Major von Löwenohr dieses Dessein entdecket habende, ihm davon als einer Sache, welche infaisable, angerathen, davon den Cron-Printz abzuhalten, dabey noch warnende, daß er eben dieser Ursachen willen nicht auf Werbung wäre commandiret worden. Wie nun deßen eigenes Geständniß vermöge obigen articuln sein Verbrechen, nemlich daß er des Cron-Printzen zur Flucht nicht nur gewust, sondern ihn darinn mit Raht und That unterhalten, auch selber zu folgen versprochen, offenbar am Tage lieget; da er vielmehr seinem Eyde gemäß gehörigen Orts solch schädlich Vorhaben entdecken sollen, So graviret auch deßen Verbrechen, daß er diejenigen, welche zu des Obsicht bestellet als der Obristl. von Rochow fol. 101. Art. 263. ꝛc. sicher gemacht, confirmirt fol. 196. wann der Cron-Printz würde weggewesen, er folgen wollen und mag ihm dawieder sein fol. 102. angeführtes argument des Gottseel. Königs keinesweges schützen, noch weniger, daß er durch einer solchen Flucht des Cron-Printzen ein beßres Vertrauen zwischen S. Maj. dem König und dem Cron-Printzen vermuthen wollen, sintemahl keinem Officier zuständig in dergleichen ohne Vorwißen seines Königes und Herren weiter als ihm befohlen, zu entriren.

Alß erkennen wir nach unsern Eydt und Gewißen nach reifflicher überlegter und wohlerwogener Sachen, daß Hans Hermann von Katt zum ewigen Bestungs-Arrest als einer wohlverdienten Straffe zu condemniren sey.

Cöpenick den 27. Octobr. 1730.

(Unterschriften wie vorher.)

In Sachen des Lieut. Alexander Sweder Freih. von Spaan, da derselbe zuerst ohne Uhrlaub von seine vorgesetzte Staabs-Officiers vom Regiment nach Berlin gegangen, auch des Cron-Printzen Brieff, so des gewesenen Lieutenant v. Katten Knecht aus Anspach mitgebracht, gelesen, worinn enthalten, daß der Cron-Printz auf der Reyse von Anspach fortgehen wollte, er, von Katte Geld schaffen und Ihm folgen solte, er von Spaan aber vermöge seines Eydes und Pflichten solches gehörigen Orts nicht sofort angezeiget hat: Als gehet unser votum dahin, daß derselbe zu cassiren, und auf 2 Jahr mit Vestungs Arrest zu belegen sey. V. R. W.

Cöpenick den 27. 8br. 1730.

(Unterschriften wie vorher.)

In Sachen des Lieutenants Ludwig von Ingersleben, da aus denen Acten und den über ihn gehaltenen Verhör erhellet, wie er niemahlen Anschläge zur Unterredung mit des Rectoris Tochter dem Cron-Printzen gegeben, sondern nur selbigen zur Gesellschaft accompagniret auch nichts weiter erweißlich gemachet werden können, außer daß er einige praesente überbracht, da er doch dieses auf alle Weise hätte gebührend evitiren sollen: Weile nun derselbe bereits 6 Wochen schweren Stuben Arrest gehalten: Als gehet unser Votum dahin, daß derselbe annoch mit drey Monate Vestungs Arrest zu bestraffen sey, und das von Rechts wegen.

Cöpenick den 27. October 1730.

(Unterschriften.)

In Sachen des gewesenen Lieut. v. Kait Erkennen wir vor Recht, daß derselbe Kriegs Gebrauch nach durch 3mahligen Trommelschlag bey den Regiment, wo er gestanden und in Garnison gelegen edictaliter citiret, und wann er sich darauf nicht sistiret in Effigie am Galgen gehencket werde, und das von Rechts wegen. Cöpenick den 27. Octbr. 1730.

(Unterschriften.)

Votum Praesidis

Nach fleißiger und genauer Erwegung sämtlicher dem General-Kriegs-Gericht vorgelesenen Acten finde ich, desselben Praeses nach meinem Gewißen und abgestattete Eyde mich verbunden

1. Was den Cron-Printzen betrifft, denen sämmtlichen dahin gehenden Votis beyzufallen, daß aber deßelben jetzige Sache nach ihren Umständen von einem Krieges-Recht nicht gesprochen werden könne, sondern Sr. K. M. zu überlaßen sey, welchergestalt Sie deßen wiederholte wehmüthige Reu Bezeugung submission und Bitte als König und Vater in Gnaden anzusehen geruhen mögten

2. So viel den Hans Hermann Katten anlanget, muß ich denjenigen Votis beystimmen, welche ewigen Vestungs-Arrest erkannt haben; Allermaaßen deßelben sonst böser Raht und Anschläge, auch dem Cron-Printzen zur Flucht so offt versprochene und abgeredete Hülffe dennoch zu keinem Effect und Würcklichkeit gelanget, jenes noch nicht — so weit gekommen, daß dem Katten Zeit und Orth feste gesetzet worden, also daß er das Vorhaben zu gewißen und unfehlbaren Execution hätte bringen können. Aus meiner gesunden Vernunfft aber und vor mich ich nicht anders begreiffen kann, als daß auch in denen grösten Verbrechen ein sonderbahrer Unterschied zwischen würcklicher Vollziehung der vorgenommenen bösen That und zwischen denen dazu allererst genommenen Mesures seyn müßen, und eine Lebens Straffe zwar bey jener, nicht aber bey diesen statt finden könne. Und da es in diesem Falle noch zu keiner wirklichen Desertion gekommen, so kann ich nach meinem besten Wißen und Gewißen, auch dem theuer geleisteten Richter-Eyde gemäß den Katten mit keiner Lebens-Straffe, sondern mit ewiger Gefängniß zu belegen mich entschließen.

3. Wegen des von Spaen halte dafür, daß deßelben Straffe wegen Verschweig- und Verheelung des Cron-Printzen Vorhabens auf Cassation und dreyjährigen Vestungs-Arrest zu richten.

4. Der von Ingersleben sein ungebührliches Verhalten mit sechs Monatlichen Vestungs-Arrest, worinnen die bereits ausgestandene Zeit mit begriffen zu verbüßen hat."

5. Der desertirte Kait aber nach Kriegs Manier zu citiren und wann er nicht erscheinet, der Degen zu zerbrechen und sein Bildniß an Galgen zu hangen sey.

Coepenick den 28. Octbr. 1730.

gez: Achatz von der Schulenburg.

Urtheil des Kriegsgerichts

In Sachen der von S. K. H. den Cron-Printzen in Preußen mit denen gewesenen Lieutenants von Katte und von Kait verabredete, aber nicht zu Stande gebrachte Flucht betreffend; Haben von S. K. M. in Preußen, zu den in Cöpenick darüber zu haltender Kriegs Gericht, wir allergnädigst commandirte und vereydigte Praeses und Assessores, nach Vorlesung derer desfalls ergangenen Acten, alles reifflich erwogen, Und da S. K. M. in Dero unterm dato Wusterhausen den 22. October 1730 wegen dieses Kriegs Gerichts ergangenen und Uns publicirten ordre allergnädigst befohlen, solches auch über obgedachten Dero Cron-Printz zu halten, So finden wir zwar nicht allein vor uns selbst aus denen Acten, sondern auch aus des Cron-Printzen zu unterschiedenen Mahlen, und in sonderheit fol. 276 des zweiten Voluminis derer in dieser Sache ergangenen Acten und protocollum bestehenen Bekentniß und demüthigem Erkentniß, gegen S. K. M. daß Er unrecht gethan und dieselbe beley biget, aber auch nunmehro mit der allerdemüthigsten Submission gegen S. K. M. geheiligte Persohn durch erwehnte ad acta beschehenen Declaration und Abbitte solche Beleidigung in den Arrest sehr bereuet und S. K. M. als Königs und Vaters Beahndung und Willen sich in allen ergiebt, auch da Er als ein junger Printz Anfangs Sich übereylet, und nachhero von bösen Menschen durch ihren Beyfall gegebenen Rathschlägen und Versicherung ihrer Hülffe und Mitflucht in solchen dessein unterhalten worden, dieses seines begangenen Unrechts Vergebung und Gnade bittet. Übrigens die von den Cron-Printz intendirte, aber nicht exequirte Flucht, und was S. K. M. Dero Cron-Printzen wegen bisherigen Ungehorsams und sonst insbesondere vorhalten laßen, als eine Staats und Familien Sache anzusehen, so hauptsächlich eines großen Königs Zucht und Potestat über Seinen Sohn betrifft und welche einzusehen und zu beurtheilen ein Kriegs Gericht sich nicht erkühnen darff. Als finden wir uns zu schwach und unvermögend, darüber ein Decisum oder Sentenz abzufaßen, und müßen wir vielmehr alles S. K. M. höchsten und väterlichen Gnade überlaßen.

Cöpenick den 28. Octbr. 1730.

A. v. d. Schulenburg.

C. De Schwerin.   A. G. v. Dönhoff.   Ch. v. Linger.
C. R. v. Derschau.   A. C. L. v. Stedingk.   v. Wacholtz.
A. v. Weyher.   C. F. de Schenck.   F. A. v. Milagsheim.
G. E. von Einsiedel.   J. G. v. Lestwitz.   C. D. v. Lüderitz.
A. F. v. Itzenplitz.   A. v. Pudewels.   A. v. Jeetze.

Mylius   G. F. Gerbett.
General Auditeur Lieutenant.

(Vor jedem der 18 Namen ein Siegel.)

In Inquisitions Sachen wieder die gewesene Lieutenants Hans Hermann von Katte und den von Kait betreffend die von Sr. Hoheit den Cron-Printzen in Preußen mit denenselben verabredeter aber nicht exequirter Flucht; Erkennen von Sr. K. M. in Preußen 2c. Wir zu diesen Kriegs Gericht beorderte und verpflichtet Praeses und Assessores nach Vorlesung der Acten für Recht:

Hat der Cron-Printz im Novbr. 1729 dem v. Kait Confidence gemacht, daß Er willens sey, außer Landes weg, und nach Franckreich zu gehen, weil Dero Herr Vater S. K. M. immer ungnädiger auf Ihn würden, und der von Kait hat versprochen mitzugehen, worzu bereits ein Wagen in Leipzig bestellet worden. Es hat aber der Cron-Printz diesen Vorsatz fahren laßen, jedoch nachher, als S. K. M. über die von den Cron-Printzen bey denen Kauffleuthen Splittgerber und Daum gemachte Schuld von 7000 Rthlr. Dero höchstes Mißfallen bezeiget, solchen wieder von neuen gefaßet und dem von Katten zu Cosdorff und im Campement bey Radewitz in Sachsen eröffnet, und von ihm, daß er mitgehen solle, verlanget, worzu auch derselbe sich engagiret, und dem Cron-Printzen die route von Leipzig nach Franckfurth am Mayn aus den Post Amte verschaffet, und ohnerachtet er gesehen, daß der Cron-Printz nicht nur den ernsten Vorsatz gehabt, sondern auch solche Flucht mit ihn aus dem Sächs. Campement zu beschleunigen, der Cron-Printz Selbst mit dem Königl. Pohlnischen und Churf. Ministre Graffen von Hoym gesprochen, daß ein paar Officiers incognito nach Leipzig reysen wolten, zu ordonniren, daß Post Pferde verabfolget werden mögten, der von Katte dennoch solches dem Cron-Printze nicht abgerathen, noch auch gehörigen Orts angemeldet, vielmehr, als der Oberst Lieutenant von Rochow seinen soupçon dem Katten gesagt, dieser jenem solches auszureden sich bemühet, da er doch gegen einen fremden Ministre obbesagten Graffen von Hoym offenherziger gewesen, und, seinen eigenen Bekentniß nach, gesagt, es wäre eine Reyse, die er nicht gerne thun wolte, er befürchtet, daß das Mißvergnügen des Cron-Printzen auf vielerley Gedancken bringen mögte.

Ferner hat Katte, als in erwehnten Campement dieses Dessein tractiret worden, dem Cron-Printzen an Hand gegeben, daß Er auf der tour über Strasburg nach Paris, des ehmals zu Berlin gewesenen Frantzösischen Gesandten, Graffen von Rotenburg Güter passiren würde. Jedoch hat der Cron-Printz Sein Vorhaben, aus dem Campement fortzugehen, changiret, und da Er dem aus dem Lager nach Engelland abreisenden Groß-Britannischen Legations-Secretario Guy du Kens Commission mitgegeben, daselbst zu sondiren, ob Er protection kriegen könte, oder auszumachen, daß Er in Franckreich bleiben könte, deßen retour abzuwarten, und die Sache biß zur nechsterfolgenden Reyse des Königs nach Anspach aufzuschieben resolviret, wobey der Katte vorgeschlagen, daß er nach Anspach kommen, vor dem Thore daselbst mit Post Pferden warten, oder auch als ein Postillon sich verkleyden, und auf der Reyse dem Cron-Printzen folgen wolle, biß der Cron-Printz bequeme Gelegenheit bekommen würde, welches aber Dieser verworffen.

Als nun der Cron-Printz aus den Sächs. Lager nach Berlin zurück gekommen, und von neuen mit Katten über Seine vorhabende Flucht deliberiret, und von diesen begehret, er solle zum Behuff Jhres Desseins suchen, daß er permission erlange, auf Werbung zu gehen, hat Katte sich weiter mit den Cron-Printzen in dieser Sache eingelaßen, den Uhrlaub zu erlangen, sich bemühet, dem Cron-Printzen Hoffnung dazu gemacht, und von Denselben Dero Baarschafft, Jouvelen, Brieffschafften und Sachen heimlich an sich genommen, solche aufzuheben und auf die Flucht mitzunehmen. Ferner auch dem Cron-Printzen auf Dero Ordre ein graues Tuch Kleydt mit silbernen Treßen verfertigen laßen, ums auf der Flucht deßen Sich zu bedienen. Indeßen ist gedachter Legations Secretarius aus Engelland zurück gekommen, und hat der Katte denselben Abends 10 Uhr abgehohlet, um mit den Cron-Printzen heimlich zu sprechen, welches ohnweit des Portals geschehen, Als aber der Guy du Kens dem Cron-Printzen gesaget, daß man Ihn in Engelland nicht haben wollte, er möchte Sich den Gedancken vergehen laßen, und würde das das Feuer an allen Ecken in Europa angezündet werden, wann der Cron-Printz solche Flucht bey jetzigen Conjuncturen vornehmen wolte, und daß es die Broullerien mit Engelland stärcker machen würde, man würde alles thun, Ihn zu soulagiren und die Schulden zu bezahlen; So hat dennoch der von Katte ohngeachtet dieser trifftigen Umstände auf des Cron-Printzens Begehren übernommen, unter den praetext der Reyse auf Werbung, wann er hierzu permission bekommen würde, nach Engelland überzugehen, und für den Cron-Printz zu negotiiren, daß er in Engelland aufgenommen werden mögte, wozu er bereits einen Brieff von den Cron-Printzen an den König von Groß-Britannien empfangen gehabt, welchen Katte bey der Arretirung weg practicirt und cassirt.

Als auch hiernechst der Groß-Britannische Envoyé von Hottam von Berlin weggezogen, und der Cron-Printz anfangs durch ein billet an Denselben, Deßen Abreise zu behindern gesucht, nachhero aber, als selbiger länger hier zu bleiben abgeschlagen, der Cron-Printz durch einen an den Legations Secretaire Guy de Kens abgegebenen Zettul, daß er 10000 Rthlr. schuldig sey, bekant gemacht, und solche Ihm vom König von Engelland zu verschaffen verlanget, hat Katte sich abermahl hierinn meliret, und die billets überbracht, auch mündlich darüber negotiiret, da er doch gewußt, daß einige Monath zuvor S. K. M. in Pr. durch ein Edict scharff verbothen, denen Printzen des K. Hauses, auch selbst dem Cron-Printzen Geld zu leyhen, oder dazu behülfflich zu seyn, wieder welches Edict auch schon derselbe vor der Reyse in das Sächs. Campement dem Cron-Printzen anderwerts in Berlin bey den Camerier Herrn von Montolieu 1000 Rthlr. auf des Cron-Printzen Wechsel verschafft gehabt.

Bey annehender Reyse S. K. M. nach Anspach, und als resolviret worden, daß der Cron-Printz mitgehen sollte, hat der von Katte auf Deßelben Begehren sich zu Potsdam eingefunden, und abermahls von der auf solcher Reyse zu exequirenden Flucht lange Conferenz gepflogen. Und ob er wohl dem Cron-Printzen vorgestellet haben will, daß er, Katte so geschwind nicht machen könte, auf der Anspachischen Reyse bey Ihm zu seyn, so ist doch Katte in dem Dessein und Engagement mitzugehen geblieben, und hat den Cron-Printzen gerathen, es aufzuschieben, bis der König zu Weesel seyn würde, es wäre beßer nach Holland als nach Franckreich zu gehen, weil Er leichter von dar nach Engelland kommen könte, Es hat aber der Cron-Printz Sich wieder geändert, und beschloßen, auf der Anspachischen Reyse zu flüchten, weßhalb Er es dem von Katten geschrieben und den Orth Canstadt bestimmet, daselbst einander zu treffen und die Flucht fortzusetzen, Wie denn auch der Cron-Printz der Zeit Seine Musicalia auch Sattel und Zeug dem von Katten nach Berlin wieder zugeschickt, er auch solches angenommen und alles verschwiegen. Da nun Katte keine permission auf Werbung zu reysen bekommen, hat er, der mit dem Cron-Printzen vorher genommenen Abrede nach, seinen Diener als Courier nach Erlangen, an seinen daselbst auf Werbung liegenden, aber von der Sache nichts wißenden Vetter, den damahligen Rittmeister, nun Major von Katten geschickt, und durch denselben einen Brieff an den Cron-Printzen nach Anspach bestellen laßen, worin er gemeldet, daß er noch keinen Uhrlaub auf Werbung, auch nicht einst von seinen

Obristen von Pannwitz nach Magdeburg zu gehen bekommen, er wiße nicht, ob es an den Obristen liege, oder ob es der ꝛc. von Rochow bei dem ꝛc. von Panwitz gehindert hätte; Wenn er nicht reussiren könte, wolte er ohne Uhrlaub weggehen; er bäte nur der Cron-Printz mögte Sich nicht praecipitiren, sondern warten biß der König nach Weesel gehen würde, sich alda eine Weile aufzuhalten, und weil die Werbe passe noch nicht zurück wären, so mögte Inquisit Katte den seinigen vielleicht noch kriegen, Worauf der Cron-Printz zwar den von Katten, daß er nichts vornehmen solle, biß Er, der Cron-Printz ihm noch einmahl schriebe, geantwortet, bald aber aus Anspach ferner an den Inquisit Katte geschrieben, daß Er nun gewiß zu Sinsheim fortgehen wolte, und der Katte Ihn unter den Nahmen Comte d'Alberville im Haag finden solte; item er solle nachkommen, so bald er hören würde, daß der Cron-Printz weg wäre. Indeßen der Inquisit zu Berlin zwar geblieben, aber nach seiner bedienten Außage, nach Zurückkunfft des obigen nach Erlangen geschickten Couriers, und zwar unter dem Vorgeben, auf Werbung zu gehen, den Wagen und Kasten reisefertig machen laßen, aber auch das vor den Cron-Printzen oberzehlter Maaßen verfertigte graue Kleidt mit Silber, einzunehen befohlen, und des Cron-Printzen Briefschafften Jouwelen und Tabaquiers aus seinem Quartier weggeschafft, und seinem Vetter mit dem Vorwande, daß er wegreysen würde, zugestellet, das Geld des Cron-Printzen aber an sich behalten und also zu einer Reyse sich fertig gehalten. Ferner nicht nur nach des Lieut. von Spaen Außage, der Inquisit Katte, als er jenem den Brieff des Cron-Printzen aus Anspach, daß der Cron-Printz Willens wäre fortzugehen, und Katte solle nicht eher weggehen, biß er noch einen Brieff erhielt, zu lesen gegeben, sich gegen denselben zugleich mercken laßen, daß wenn es vor sich gehen würde, Katte mitzugehen Willens gewesen, sondern auch dieser Inquisit selbst fol. 196

Vol. 2 freywillig gestanden, wenn der Cron-Printz würde weg gewesen seyn, so hätte er nachgehen wollen, und würde Ihm gefolget haben, doch habe er geglaubet, es würde der Cron-Printz wieder kommen. Endlich ist erfolget, daß der Cron-Printz seine Flucht ohnweit Manheim zu exequiren gesucht, des Nachts früh um 2 Uhr aufgestanden, und einen zu solchen Vorhaben verfertigten rothen Roquelaure angezogen, auch bereits durch den Pagen Kait zwey Post Pferde herbey geführet worden, also daß, wann nicht die Gegenwart des, auf des Cammer Dieners Gummersbach Veranstaltung durch den Jäger darzu geruffenen Obrist Lieutenant von Rochow es gehindert hätte, der Cron-Printz mit den Pagen würcklich fortgeritten wäre, und seine Flucht über Strasburg und Landau nach Franckreich fortsetzen wollen, worüber der Inquisit Katte in Arrest gerathen.

Ob nun wohl Inquisit zu seiner Entschuldigung vorwendet, daß alles was er hiebey gethan, nicht aus eigener Bewegniß, noch von ihn als Urheber der Sache, sondern auf die von dem Cron-Printzen ihm geschehene propositiones und öfftere sollicitirung, auch aus Compassion, da der Cron-Printz über das ungnädige tractament Seines Herrn Vaters K. M. Sich öffters gegen ihn beklaget, und in keiner andern Absicht geschehen sey; Wobei ihm der Cron-Printz dergleichen vorhin sich zugetragene Exempel zu Gemüthe geführet, ihn dadurch zu persuadiren; Inquisit auch selbst in seiner Entschließung nicht ferm gewesen, sondern offt poeniciret, und daher sowohl im Chur Sächs. Lager als auch nachgehends in Berlin und Potsdam dem Cron-Printz allerley Difficultaeten, und die Sache schwer gemacht hätte, womit auch des Cron-Printzen Außage übereinkomt, Er auch so gar sich darauf beruffet, daß er im Sächs. Lager die Post Pferde zu schaffen decliniret, und deshalb den Graffen von Hoym gebethen habe, Difficultaet zu machen, wovon jedoch auff den, an des Königs von Pohlen Maj. und Churf. Durchl.

zu Sachsen geschickten **Extract der Acten** noch zur Zeit keine Nachricht ad Acta gekommen. Wornechst er ferner anführet, daß er durch alles dasjenige, was oben in Erzehlung des Facti wieder ihn befindlich, des Cron-Printzens Dessein von einer Zeit zur andern zu trainiren, und daß Derselbe in keine andere Hände gerathen solte, zu hindern gesucht, und auch geglaubet hätte, es würde der Cron-Printz wiederkommen, in der Meynung, daß weil er des Cron-Printzens Geld und pretiosa in Händen gehabt, Derselbe ohne ihn das Vorhaben nicht ausführen können; Er auch insonderheit deshalb dem Cron-Printzen gerathen habe, die Sache biß auf der Rückreise nach Weesel aufzuschieben, und darauf der Cron-Printz ihm oberzehlter Maaßen geantwortet, nicht eher wegzugehen, bis Er ihm wieder schreiben würde; Inquisit also an dem, was ohnweit Manheim zu Steinfurt geschehen, keinen Theil haben will, folglich noch zur Zeit zwischen den Cron-Printzen und Inquisiten die Zeit und Orth zur Flucht nicht feste gesetzet gewesen, es auch nicht zum Effect gekommen wäre.

Dieweil aber dennoch dieses alles nicht zureichend ist, den Inquisiten zu entschuldigen, allermaaßen vielmehr ihm als einen Officier und Unterthanen, nach den von ihm geleisteten Eyd obgelegen hätte, solchen des Cron-Printzen Antrag zu mißbilligen, schlechterdings abzuschlagen, und den Cron-Printzen die Flucht zu wiederrathen, Und da er gesehen, daß der Cron-Printz davon nicht abgegangen, sondern mehr und mehr auf öffters den ernstlichen Vorsatz gefaßet, er, Inquisit, aber völlige Wißenschafft und den Beweisen in Händen gehabt, solches an S. K. M. oder Dero Ministres oder an seinen Commandeur anzuzeigen, Ihm auch nicht gebühret hätte, in dasjenige, was zwischen S. K. M. und Dero Cron-Printzen passiret, und daß der Cron-Printz über das ungnädige tractament **lamentiret** habe, zu entriren, Und da er von der Sache sich gegen einen fremden Ministre

im Sächs. Campement etwas mercken laßen, er weit beßer
gethan hätte, und ihm eben so leicht gewesen wäre, solches
S. K. M. Officierern und Bedienten zur Warnung und Ver-
hüthung zu offenbahren, Statt deßen er so gar solchen soupçon dem von Rochau wieder beßeres Wißen und Gewißen
auszureden sich gelüsten laßen, da er gewust, daß derselbe
von S. K. M. zu accompagnirung und einiger Aufsicht des
Herrn Printzen bestellet sey; Alles auch, was er von tractirung
der Sache, und daß er geglaubet, es könne die Flucht nicht
ohne ihn geschehen, anführet, keine Entschuldigung, sondern
eine thörichte Einbildung, oder boßhafte Affectation gewesen
wäre; Auch dieses alles dadurch hinweg fällt, daß er bekennet,
er habe wollen folgen, so bald er gehöret, daß der Cron-
Printz weg sey, Also der Inquisit, was seine Persohn betrifft, desertiren wollen, nach den Umständen der Acten
unglaublich, auch gar nichts zur Entschuldigung dienen mag.

Uebrigens was des Cron-Printzen vorgenommene Flucht
anlanget; der Inquisit nicht nur, wie oberwehnet, davon
völlige Wißenschafft gehabt, aber verschwiegen, sondern auch
selbst dabey Anschläge gegeben, und zur praeparation durch
Annehmung der Sachen, Verfertigung des Kleydes, und
sonst, wie aus obigen Umständen erhellet, behülfflich gewesen,
ja selbst geglaubet, daß er den Cron-Printzen dadurch, daß
er Ihm Hoffnung gemacht, er, Inquisit werde Uhrlaub zur
Werbung bekommen, also unter diesen praetext das Dessein
mit den Cron-Printzen ausführen können, Denselben in solchen Vorsatz gestärcket, und sich auf allerley Arth zur Aus-
führung der vorgehabten Flucht, auch so gar durch eine Reyse
nach Engelland wollen gebrauchen laßen; Mithinn darinnen
der vornehmste Vertraute des Cron-Printzen gewesen, und
zugleich gewust, daß der Cron-Printz den Lieutenant von
Kait in solche Sache mitgezogen, und derselbe mitgehen wollen, aber auch dieses verschwiegen, und bey solcher cachirung
der Sache geblieben, da Ihm so gar von dem Dähnischen

Envoyé, General von Löwenohr Vorhaltungen des auf Inquisiten fallenden Verdachts geschehen, und also hieraus nichts anders zu schließen, als daß es sein rechter ernster Vorsatz gewesen zu desertiren, und mit den Cron-Printz fortzugehen; Aus dieser Sache aber, da sie nicht zu Stande gekommen, sondern durch Gottes Schickung und Gnade gehindert worden, bereits S. K. M. und Dero Königl. Hauß und Lande in Unruhe und Betrübniß gesetzet worden, und wann es zu Werck gekommen wäre, noch andere Sviten daraus hätten entstehen können; Und daher der Inquisit einer harten Straffe werth ist:

Jedoch aus deßfalls denen Rechten nach, und zu S. K. M. Erbarmung über ihn, zu erwegen ist, daß diese Entreprise zu keinen wirkl. Effect gekommen, viele Jugend Projecte mit untergelauffen, eine herzliche Reue von den Inquisiten, welcher es auch freywillig bekant hat, bezeuget, und des Königs Gnade mit sehr beweglicher Vorstellung gebethen wird, Als wird Inquisit Katte dieses seines Verbrechens wegen mit ewigen Bestungs Arrest billig bestraffet.

Anlangend den von Kait, hat derselbe nicht nur angefürter Maaßen im Novbr. 1729, da er noch Page gewesen, sich mit dem Cron-Printzen in das Dessein der Flucht nach Franckreich eingelaßen; und darzu mit engagiret, auch alles verschwiegen, sondern auch nachhero, da er von S. K. M. zum Lieutenant bey dem Dassowschen Regiment avanciret worden, diese Untreu gegen S. K. M. continuiret, und nachdem der Cron-Printz ihm Geld geschickt, auch auf der Anspachischen Reyse ihm geschrieben, daß der Cron-Printz bey Sinsheim heimlich flüchten wollen, und also auch der Kait fortgehen, und in Holland bey den General von Keppel um Protection des Cron-Printzens anfragen solle, zu eben der Zeit, als angeführter maaßen den 5ten Augusti, ohnweit Manheim zu Steinfurt der Cron-Printz heimlich fortreiten wollen, würcklich desertiret, nach dem Haag, und endlich nach Engelland übergegangen:

Alß ist derselbe zuförderst edictaliter durch den Trommelschlag nach Kriegs-Manier dreymahl zu citiren, mit Verwarnung, daß im Fall Außenbleibens er infam declariret, der Degen zerbrochen, und er in Effigie aufgehangen werden solle, von Rechts Wegen.

Signat: Cöpenick den 28. Octob. 1730.

(Die 18 Unterschriften und Siegel wie vorher.)

In Sachen wieder Alexander Schweder von Spaen und Johann Ludwig von Ingersleben, Lieutenants von S. M. des Königs Regiment, Erkennen Praeses und Assessores des von S. K. M. allergnädigst bestellten General-Kriegs-Rechts, nach vorgelesenen und wohl erwogenen Actis für recht: Hat gedachter von Spaen zu gestehen müßen, daß er im vorigen Jahre für des Cron-Printzen in Preußen K. H., und auf Dero Befehl eine Reise Chaise in Leipzig verfertigen laßen. Als aber dieselbe zwey Monath darauff ihm auch zwei Coffres geben wollen, nach Leipzig zu übersenden, er zwar einige Muthmaaßung daraus geschöpffet, und sowohl zu den damaligen Lieutenant von Katten gesprochen: Er wiße nicht, was solches bedeute, Als selbst den Cron-Printz gefraget habe: Er wiße nicht, was Dieselbe vorhätten, bäthe um Gottes Willen, ihn nicht unglücklich zu machen, Jedoch dieses hernach verschwiegen und nicht angegeben habe: Ist darauf vor einigen Monathen, wehrnder Abwesenheit S. K. M. auf der Anspachischen Reyse, erwehnter von Spaen, nach Berlin ohne Urlaub, weil er wohl gewust, daß er solchen nicht bekommen würde, auff vorgegebenes Ersuchen eines krancken Anverwandten, geritten, und hat damahls bey den von Katten einen von den Cron-Printzen aus Anspach an selbigen übersandten Brieff gelesen, des Inhalts, daß der Cron-Printz Willens sey, von Anspach fortzugehen, Katte solle machen, daß er nachkäme, und so viel Geld schaffen alß er kriegen könte; Wobey ein Postscriptum gewesen, daß Katte nicht eher weggehen solte, biß er noch einen Brieff erhalten würde. Und Inculpat, ob er wohl gemerckt, daß wenn es vor sich gegangen wäre, Katte mitzugehen Willens gewesen, dennoch auch diese Begebenheit nicht angezeiget hat.

Ob nun wohl derselbe die Verheelung damit zu entschuldigen suchet, daß wegen des Wagens der Cron-Printz ihm auf seine oberwehnte Frage, in Antwort nichts anders gesagt, als er wäre nicht klug, Tages darauf aber ihm selbst den Wagen geschencket, und er daraus sich eingebildet habe, daß er entweder ungleich gemuthmaßet, oder der Printz anders Sinnes muste geworden seyn. Wegen des verschwiegenen Brieffes aber ober S. K. M. allergnädigsten pardon bittet, in dem er in solches Dessein im allergeringsten nicht entriret sey. Dieweil aber Inculpat als Officier und Unterthan verpflichtet und verbunden gewesen, S. K. M. Schaden und Nachtheil abzuwenden, und dafür zu warnen, mithin seine Schuldigkeit erfordert, zum allerwenigsten von den Brieffe, woraus er nicht allein die Beschaffenheit des Vorhabens klärlich, sondern auch zugleich, daß es dem Cron-Printzen so großer Ernst gewesen, mithin die Sache keinen Verzug gelitten, ersehen gehabt, ungesäumte Eröfnung zu thun, Wie er denn auch deßen Unterlaßung selbst nicht zu bedecken weiß, Als wird derselbe nebst Cassation von seiner Charge zu dreyjährigen Vestungs Arrest billig condemniret.

Anlangend den Lieutenant von Ingersleben nachdem derselbe bekennen muß, daß er auf des Cron-Printzen Befehl dem Wacht habenden Officier angedeutet, den von Berlin zu den Cron-Printzen gekommenen von Katte nicht melden zu laßen, diesen auch heimlich in sein eigenes quartier aufgenommen: Hiernechst von den Cron-Printzen an des Rectoris Tochter einen blauen Schlaff Rock, überbracht, auch zu derselben mit den Cron-Printzen hingegangen, deßen er sich billig hätte menagiren sollen, da er wißen und urtheilen können, daß S. K. M. dergleichen höchst mißfällig seyn würde: So ist derselbe mit Sechs Monatlichen Vestungs Arrest, worinn jedoch der bißher ausgestandene mit begriffen, zu bestraffen. Von Rechts Wegen.

Signatum Cöpenick den 28. Octobr. 1730.

(Die 18 Unterschriften und Siegel wie vorher.)

Der König war mit diesem Spruch des Kriegsgerichts nicht zufrieden, wie aus folgender eigenhändigen Bemerkung hervorgeht:

Votum Regiis (sic).

Sie sollen recht sprechen, und nit mit mit dem Flederwisch darüber gehen, da Katte also wohl   , soll daß Krieges Gerichte wieder zusammen kommen und   anders sprechen.*)

F. W.

Auf der Rückseite des Blattes steht von der Hand des Königs: 5. Buch Mose Cap. 17. v. 8 bis 12 — 2 Buch Samuelis Cap. 18. v. 10 bis 12 — 2 Buch Croni. 19. v. 5. 6. 7.

Wahrscheinlich wurden die 16 Mitglieder des Kriegsgerichts deßhalb gehört wie aus dem Folgenden zu folgern scheint.

---

*) Statt der beiden Lücken stehen im Original zwei unleserliche Worte.

Copia des ad protocollum vom 31. 8br. gegebenen Voti.

Der Herr Praeses.

Nachdem derselbe nochmahls reifflich erwogen und wohl überleget, ob die abgesprochene Sentenz beständig verbleiben konte, So finde er sich in seinen Gewißen überzeuget was Er mit seinen besten Wißen und Gewißen und nach dem theuren geleisteten Richter Eydt votiret, daß er dabey verbleiben müße, und solches zu ändern ohne Verletzung seines Gewißens nicht geschehen könne, noch in seinen Vermögen stehe.

Schon am folgenden Tage erschien darauf folgende Cabinetsorder:

Sr. Königl. Majestät in Preußen Unser allergnädigster Herr haben das Deroselben eingesandte Krieges-Recht durchgelesen, und seynd mit denselben in allen Stücken sehr wohl zufrieden. Indem Sie die über den Lieutenant von Spaen und Ingersleben gesprochene Sentenz hiermit allergnädigst confirmiren, den Lieutenant von Ingersleben aber auch wegen seines bißherigen langen Arrests pardoniren. Wegen des Lieutenant Kait confirmiren S. K. M. gleichfalls den Spruch des Krieges Rechtes. Was aber die Lieutenant Katten und deßen Verbrechen, auch die von dem Krieges-Recht deshalb gefällte Sentenz anbelanget, so seynd S. K. M. zwar nicht gewohnt, die Krieges-Rechte zu schärffen, sondern vielmehr, wo es möglich, zu mindern. Dieser Katte aber ist nicht nur in meinen Dienst Officier bey der Armée, sondern auch bey die Guarde Gens d'armes. Und da bey der gantzen Armée alle Meine Officiers Mir getreu und hold seyn müßen, so muß solches um so viel mehr geschehen von den Officiers von solchen Regimentern, in dem bey solchen ein großer Unterschied ist, denn sie immediatement an S. K. M.

Allerhöchsten Persohn und Dero Königlichen Hauße attachiret seyn, Schaden und Nachtheil zu verhüten, vermöge seines Endes. Da aber dieser Katte mit der künfftigen Sonne tramiret zur Desertion, mit fremden Ministern und Gesandten allemahl durch einander gesteckt und er nicht davor gesetzet worden mit den Cron-Printzen zu complottiren, au contraire es S. K. M. und Dero General Feld-Marschall von Natzmer hätte angeben sollen, so wißen S. K. M. nicht, was vor kahle raisons das Kriegs-Recht genommen, und ihm das Leben nicht abgesprochen hätten. S. K. M. werden auf die Arth Sich auf keinen Officier, noch Diener, die in Endt und Pflicht seyn, sich verlaßen können, denn solche Sachen, die einmahl in der Weldt geschehen seynd öffters geschehen können, es würden aber alßdann alle Thäter den praetext nehmen, wie es Katten wäre ergangen, und weil der so leicht und guth durchgekommen wäre, ihnen dergleichen geschehen müße; S. K. M. seynd in Dero Jugend auch die Schule durchgelauffen, und haben das lateinische Sprüchwort gelernet: fiat justitia et pereat mundus. Allso wollen Sie hiermit, und zwar von Rechts wegen, daß der Katte, ob er schon nach denen Rechten verdienet gehabt, wegen des begangen crimen laesae Majestatis mit glüenden Zangen gerißen und auffgehänget zu werden, Er dennoch nur, in consideration seiner familie mit dem Schwerdt von leben zum Tode gebracht werden solle. Wenn das Kriegs-Recht dem Katten die Sentenz publicirt, soll ihm gesagt werden, daß es S. K. M. leydt thäte, es wäre aber beßer, daß er stürbe, als daß die Justitz aus der Weldt kähme.

Wusterhausen den 1. November 1730.

F. Wilhelm.

Berlin, gedruckt in der Königlichen Gebeimen Ober-Hofbuchdruckerei (R. Decker).